GUÍA DE LECTURA

Escrita por Natalia Torres Behar

Los Ejércitos

de Evelio Rosero

Entiende fácilmente la literatura con

Resumen Express.com

www.resumenexpress.com

EVELIO ROSERO

VIVIR DE ESCRIBIR, Y A FUERZA DE ESCRIBIR SIN DESCANSO

- **Nacido en 1958 en Bogotá (Colombia)**
- **Premios literarios:**
  - Premio Nacional de Cuento Gobernación del Quindío (1979)
  - Premio Gómez Valderrama a la mejor novela publicada en el quinquenio de 1988-1992
  - II Premio Tusquets Editores de Novela (2007)
  - Premio Foreign Fiction Prize (2009)
  - Premio nacional de literatura, Ministerio de Cultura de Colombia (2006 y 2014)
  - ALOA Prize (2011)
- **Algunas de sus obras:**
  - Trilogía *Primera vez* (1984-1988), novelas
  - *La carroza de Bolívar* (2012), novela
  - *34 cuentos cortos y un gatopájaro* (2013), cuentos

Evelio Rosero nació el 20 de marzo de 1958 en Bogotá, Colombia. Desde niño, Rosero ha estado rodeado de historias. Algunas las escuchaba en las fincas donde pasó buena parte de su infancia, contadas por los campesinos de la región; otras las leyó en la biblioteca de su padre, en Pasto. Si bien se interesó sobre todo por las novelas de los rusos del siglo XIX, fue después de leer *Robinson Crusoe*, a la edad de diez años, que descubrió que quería ser escritor.

Posteriormente, Rosero estudió Comunicación Social y

Periodismo en la Universidad Externado de Colombia. Sin embargo, se retiró de la carrera porque quería dedicarse de lleno a la escritura, a pesar de su precaria situación económica. Rosero comenzó su carrera literaria con la publicación de cuentos en el periódico *El Tiempo* y en el periódico *El Espectador*. En 1979, a la edad de veintiún años, obtuvo su primer reconocimiento literario al ganar el Premio Nacional de Cuento Gobernación del Quindío por su relato *Ausentes*.

En 1984 empezó a escribir novelas con la trilogía *Primera vez*, que ganó el Premio Gómez Valderrama a la mejor novela publicada en el quinquenio de 1988-1992. Sin embargo, fue en 2006 cuando la carrera literaria de Rosero realmente alcanzó resonancia internacional, pues su novela *Los Ejércitos* (2007) ganó el II Premio Tusquets Editores de Novela.

Evelio Rosero es una rara excepción entre los escritores colombianos de su generación. No le interesa aparecer en los periódicos, no asiste a cócteles ni a presentaciones de libros, tampoco disfruta del show de las ferias del libro ni de los encuentros literarios. Se considera un escritor a secas; uno que se ha estado dedicado durante treinta años a escribir de sol a sol y nada más. Rosero es versátil: ha publicado novelas para jóvenes y para adultos, cuentos infantiles, obras de teatro, poesía y relatos de todo tipo. Treinta y tres títulos y doce concursos ganados en treinta y siete años lo hacen hoy uno de los escritores más prolíficos de su generación en Colombia y, probablemente, en Latinoamérica.

El compromiso de Rosero con su obra es tal que ha llegado a romper relaciones con algunas editoriales con tal de que se respete lo que escribe. Así sucedió con Anagrama cuando, a mediados de la década de 1980, Jorge Herralde, fundador de la editorial, quiso publicar *Juliana los mira*. Cuando Rosero recibió las pruebas de edición de la novela que estaba a punto de imprimirse, notó que la habían «españolizado» al cambiar algunas palabras, supuestamente para que tuviera un lenguaje más comercial. Entonces, a pesar de los consejos de sus amigos de que fuera más diplomático, Rosero le escribió una carta a Herralde en la que le decía que eran irrespetuosos con su trabajo y que no aceptaba los cambios sugeridos.

LOS EJÉRCITOS

REPRESENTACIONES DE LA VIOLENCIA EN LA COTIDIANIDAD DE UN PUEBLO

- **Género:** novela
- **Edición de referencia:** Rosero, Evelio. 2007. *Los Ejércitos*. Bogotá: Tusquets Editores
- **Primera edición**: 2007
- **Temáticas:** violencia, desesperanza, erotismo

Los Ejércitos es, hasta el momento, la obra más aclamada de Evelio Rosero y ha sido traducida a doce idiomas. Se trata de la historia de Ismael, un profesor pensionado, que vive con su mujer, Otilia, en un pueblo llamado San José, azotado por los enfrentamientos entre el ejército, la guerrilla y los paramilitares. Si bien la vida del par de ancianos es en apariencia apacible, a su alrededor amigos y vecinos van desapareciendo de manera progresiva, y el miedo y la zozobra se extienden entre los habitantes de la pequeña población.

Una mañana, tras volver de un paseo por el pueblo, Ismael se entera de que se han llevado a sus vecinos por la fuerza, un evento que parece preludio de los oscuros sucesos que están a punto de tener lugar. Entonces, el ambiente idílico se rompe y se desata la violencia en San José. Ismael pierde el rastro de su esposa, y los sobrevivientes a los ataques que se dan en los meses siguientes a esa mañana deciden abandonar la población para conservar sus vidas. Ismael, en cambio, decide quedarse en el pueblo destruido sin importarle las consecuencias, una decisión que marcará el resto de su vida.

RESUMEN

SAN JOSÉ, UN PARAÍSO EN MEDIO DEL INFIERNO DE LA GUERRA

Ismael Pasos y su esposa, Otilia, son un par de profesores de escuela pensionados que viven en San José, un pequeño pueblo cuya ubicación no se especifica. El par de ancianos viven de forma modesta, pero tranquila; se ocupan de labores sencillas como el cuidado del huerto y de los animales, peces y gatos, a los que Otilia adora. Ismael aprovecha la labor de recogida de las naranjas para espiar a su vecina, Geraldina, que toma el sol completamente desnuda, entre las risas de las guacamayas y las canciones de su esposo, Eusebio Almida, a quien todos llaman «el brasilero».

Sin embargo, un día, la labor de espionaje de Ismael no pasa desapercibida entre sus vecinos y Otilia. El ambiente de erotismo idílico narrado por el protagonista se rompe con los reproches de su mujer. La discusión entre el par de ancianos los aleja hasta tal punto que al día siguiente Ismael prefiere estar solo para pensar en lo que Otilia le ha dicho y no la acompaña a uno de los eventos más tradicionales del pueblo: la visita que, cada nueve de marzo, desde hace cuatro años, se le hace a Hortensia Galindo por la desaparición de su esposo, Marcos Saldarriaga.

Ismael sufre de un fuerte dolor en la rodilla izquierda que muchas veces le impide caminar. Se trata de una afección que le quema la pierna y que el doctor del pueblo, Gentil Orduz, no ha podido curar. Sin planearlo mucho, Ismael decide visitar al maestro Claudino Alfaro para que lo cure. Alfaro vive en la montaña por lo que, a pesar del dolor y de empezar a cojear, y casi a arrastrar la pierna, Ismael decide continuar el ascenso por el camino de herradura.

Tras su reunión con Alfaro, el dolor desaparece e Ismael vuelve a casa para encontrarse con Otilia, que le cuenta que la reunión ha terminado mal, pues la amante de Saldarriaga, Gloria Dorado, ha leído una carta que alguna vez había enviado el desaparecido y que había estado oculta durante mucho tiempo. En ella, con tono desesperado, el secuestrado habla de cómo su esposa y sus amigos están en contra suya. Esta situación enrarece la relación entre los habitantes del pueblo.

SAN JOSÉ EN MEDIO DEL FUEGO CRUZADO

Al día siguiente, Ismael decide dar una vuelta por el pueblo, pues se siente bien de su rodilla. Sin embargo, el San José que se le presenta al lector no parece guardar relación directa con el idílico huerto de los ancianos, ni con el de sus vecinos. Ya al inicio de la novela, Ismael mencionaba el último ataque al pueblo, no se sabe si a manos de la guerrilla, los paramilitares, el ejército o los narcotraficantes; un cilindro de dinamita explotó en la iglesia un Jueves Santo, cuando medio pueblo estaba dentro, y murieron catorce personas y sesenta y cuatro resultaron heridas. Pero, a medida que el anciano atraviesa el pueblo, la desolación que ha dejado la guerra se hace cada vez más explícita: después de dos años de guerra, de noventa familias que alguna vez vivieron en San José solo quedan dieciséis. Muchos murieron, pero la mayoría se marchó por la fuerza. Ismael reflexiona sobre cómo ha cambiado el pueblo, y si alguna vez quedarán solo él y su mujer.

Ismael camina sin rumbo, hasta llegar a la escuela, y allí se entera de que se llevaron a alguien, por lo que es mejor regresar a casa porque la situación podría complicarse. Sin embargo, por el camino, unos soldados lo detienen durante cuatro horas sin justificación alguna. Cuando por fin dejan ir a Ismael, este se encuentra con el médico Orduz, que le cuenta que se llevaron al brasilero, no se sabe quién, a pesar de que Almida siempre pagaba el dinero que le pedían mediante extorsiones. Al llegar a la casa de Geraldina, se enteran de que no solo se lo llevaron a él, sino también a los niños. Ella está devastada, con los ojos hinchados por las lágrimas y vestida de negro. El anciano regresa a su casa, pero Otilia no está, así que decide ir a buscarla en la parroquia.

Pero Otilia tampoco está allí. En la plaza están todos los hombres del pueblo reunidos, preguntándose por el paradero del brasilero. De repente, ven llegar un grupo de soldados de forma desordenada. A lo lejos se escuchan ráfagas y detonaciones. La gente enloquece por el miedo; algunos huyen hacia la parroquia, otros hacia sus casas. Los soldados toman posiciones. Entonces aparece el jeep del capitán Berrío, quien mira al grupo de hombres que aún queda en la plaza, le grita «guerrilleros» y comienza a disparar contra los civiles, hasta que algunos soldados lo detienen. Sin embargo, varios quedan heridos, tirados en el suelo.

Anochece y Otilia sigue sin aparecer. En su preocupación, a Ismael se le ocurre que tal vez Otilia está con el maestro

Claudino Alfaro en la montaña, y decide llevarse consigo una de las gallinas sobrevivientes para cocinar, de paso, el sancocho prometido por la curación de su rodilla. Pero solo encuentra el cadáver degollado del maestro.

LOS ÚLTIMOS DÍAS DE SAN JOSÉ

Han pasado tres meses desde el ataque de la guerrilla a San José y desde la desaparición de Otilia. Ismael está demacrado, no come, se deja crecer el pelo y lleva la barba descuidada; las uñas de los pies se le enroscan como garfios y las de las manos parecen las garras de un ave de rapiña. Sin embargo, y a pesar de las cartas de su hija, Ismael rehúsa contarle la desaparición de Otilia y abandonar el pueblo, como ella le pide que haga.

La situación en San José empeora. Debido a los cientos de hectáreas de coca sembradas en los últimos años alrededor de la población, San José se considera un «corredor estratégico» para los grupos insurgentes. Entre los escombros de la población derrumbada siguen apareciendo más y más muertos, y cada vez más habitantes van abandonando la población. Otras familias tienen a sus familiares secuestrados y las sumas que les piden por ellos son impagables.

A pesar del ambiente de miedo y de olvido en el que viven los últimos habitantes de San José, durante esos días sucede un acontecimiento sorpresivo: Eusebito, el hijo de Geraldina, aparece súbitamente con una nota enviada por los captores de su padre en la que se especifica el frente al que estos pertenecen, con quién debe hablar Geraldina y qué precio exigen por la vida del brasilero. Sin embargo, el retorno de Eusebito no es del todo un acontecimiento feliz. El niño vuelve demacrado y su actitud es hermética, huraña; llora a solas, está ido; escucha sin escuchar y mira sin mirar. Nadie sabe qué hacer ni qué solución proponer. Ismael, por su parte, aún no ha recibido noticias ni de Otilia ni de sus captores. Lo único que el anciano logra descubrir, al interpelar al adolescente, es que ella no está secuestrada.

Ismael se mueve a tientas por el pueblo. No sabe dónde está: «no puedo reconocer el pueblo, ahora, es otro pueblo, parecido, un pueblo sin cabeza ni corazón, ¿qué esquina de este pueblo elegir?, lo mejor sería seguir una misma dirección hasta abandonarlo, ¿seré capaz?» (Rosero 2007, 189). Su rodilla también le duele y le impide avanzar. A la altura de la escuela encuentra un grupo de personas —hombres, mujeres, niños y ancianos— que caminan hacia la carretera, avanzando a paso lento y maltrecho. Muchos le preguntan por qué no se va con ellos, le dicen que es el momento de escapar pues el nombre del viejo está en una lista y, si lo encuentran, lo matarán sin pensarlo dos veces. Ismael se niega a huir. Prefiere quedarse entre las casas abandonadas, pues San José es el único lugar en el que podría encontrarse con Otilia. Aunque ella no vuelva nunca.

Cuando vuelve a su casa esa noche, unos hombres le gritan que se quede quieto, que no entre. Parece como si le temieran, preguntan su nombre. Ismael no responde. No sabe qué nombre decir. Piensa que les dirá uno cualquiera o que no les dirá ninguno pues siente que no tiene nombre. Reirá, ellos creerán que él se burla y le dispararán. Sin embargo, al final del libro, el lector no tiene certeza de cuál fue el destino del protagonista.

ESTUDIO DE LOS PERSONAJES

La mayoría de los personajes de Rosero no son inmunes a la violencia que se manifiesta de múltiples formas en *Los Ejércitos*. Balas perdidas, ejecuciones extrajudiciales, masacres, extorsión, tortura, secuestros y desplazamientos forzados son el día a día en San José. Si bien el núcleo de la novela son las observaciones y reflexiones del protagonista que, sobre todo, giran en torno a Otilia, a Geraldina, a su vejez y a cómo ha cambiado el pueblo desde que la violencia se ha hecho más recurrente, por la vida de Ismael desfilan una serie de amigos y vecinos sobre los cuales vale la pena profundizar.

ISMAEL PASOS

Es el protagonista y narrador de la novela. Nació en San José, tiene setenta años y es profesor jubilado, aunque hace diez meses no le pagan la pensión. A pesar de su edad, Ismael es un gran amante de las mujeres; las observa de forma minuciosa y llena de deseo. Su esposa sabe de su afición y lo define como un «espía inofensivo», pues en todos los años que Otilia ha visto a Ismael espiar a otras mujeres, a la vez que enseñaba a las niñas y los niños de la escuela a leer, nunca comprobó que hiciera nada malo ni pecaminoso. Sin embargo, con los años, Ismael se ha vuelto descuidado a la hora de espiar mujeres, sobre todo a su vecina, Geraldina. Ismael se avergüenza de que su esposa lo tilde de indiscreto y de que le diga que parece un viejo al que se le cae la baba cuando ve a Geraldina, pero considera que, a pesar de ser mayor, no lo es tanto como para pasar desapercibido entre las mujeres.

De alguna manera, la mente de Ismael es joven y está llena de vigor, pero su cuerpo sufre de los achaques que conlleva la edad. Caminar se le ha convertido en un suplicio, le duele la rodilla izquierda y se le hinchan los pies. Sin embargo, Ismael mantiene una actitud orgullosa y digna, no le gusta quejarse de dolor al frente de los demás y, de hecho, no quiere usar bastón porque asocia ese objeto con la muerte. Su vida en San José transcurre, mal que bien, tranquila, a pesar del rumor constante de la guerra, y de la muerte y desaparición de sus vecinos y amigos. Ismael se niega a abandonar el pueblo, en el que se imagina que vivirá por el resto de su vida junto con su esposa.

A medida que transcurre la novela, sobre todo desde el primer ataque, cuando Otilia desaparece, Ismael cambia completamente. Habla poco. Su actitud se mantiene fuerte y digna frente a los demás, pero por dentro está completamente destruido, siente que se está volviendo loco sin tener noticias de ella. Habla solo, como si de alguna manera su esposa lo estuviera escuchando, imagina qué diría o cómo reaccionaría ella en relación con las situaciones que están sucediendo en el pueblo. Su aspecto físico es un reflejo de la desolación que siente: se vuelve demacrado, y los habitantes de San José no lo reconocen.

A pesar de que la situación empeora en San José, Ismael se niega rotundamente a abandonar el pueblo, pues ese es el único lugar donde Otilia podría encontrarlo y, si no fuera así y ella no volviera nunca, Ismael ya se siente muerto en vida, por lo que nada le importa. Al final de la novela es posible ver cómo el protagonista desafía a los grupos insurgentes, y a la muerte misma. Se ríe de ambos.

OTILIA DEL SAGRARIO ALDANA DE PASOS

Otilia es la esposa de Ismael. Tiene sesenta años y es profesora jubilada; como a Ismael, hace diez meses que no le pagan la pensión. Otilia conoció a Ismael cuarenta años antes del presente de la novela, en la estación de bus de San Vicente, municipio colombiano del que ella es originaria y que se encuentra a seis horas de San José. Cuando la mujer era joven, a Ismael le deslumbraron sus ojos negros, su delgada cintura, sus nalgas redondas que se entreveían debajo de una falda rosada, sus pezones oscuros que se transparentaban en la blusa y sus brazos blancos. Sin embargo, con el paso del tiempo, Otilia parece casi tan vieja como Ismael, se lamenta y se encorva al caminar. Es feliz, indiferente a la guerra, y pasa el tiempo yendo de un lado a otro cuidando de la casa y del huerto, de los gatos y de los peces, a los que parece amar más que al mismo Ismael, pues le avergüenza su actitud lujuriosa. Siente que, al denigrarse él, la denigra a ella.

El día de la primera emboscada guerrillera a San José, Otilia desaparece. Nadie da razón de ella, su cuerpo no está entre los de las víctimas del ataque y ningún frente escribe a Ismael para cobrar su rescate. El destino de Otilia es incierto hasta el final de la novela, pero su ausencia hace que Ismael se desmorone.

GERALDINA DE ALMIDA

Geraldina es la esposa del brasilero, la madre de Eusebio y la vecina de Otilia e Ismael. Suele tomar baños de sol en la terraza de su casa, completamente desnuda, mientras su esposo, a la sombra de una ceiba, le toca canciones con su guitarra. Su figura es esbelta y su pelo, cobrizo. Se despereza moviendo sus brazos y piernas en todas las direcciones. Geraldina sabe que Ismael la mira, pero no le importa. En una ocasión se acerca al anciano para pedirle una naranja, y es como si, de alguna manera, disfrutara con el hecho de que él, a pesar de su edad, la observe con tanto deseo.

Sin embargo, con el secuestro de su esposo y de sus dos hijos, Eusebio y Gracielita, Geraldina cambia completamente, sus ojos se hinchan por las lágrimas, cambia los vestidos vaporosos por los de color negro y se hunde en una actitud de ensimismamiento y desgano, acompañada por las mujeres que la rodean con oraciones y rosarios por la liberación de su familia. Cuando Eusebito regresa, la actitud de Geraldina cambia un poco, a pesar de que su hijo ya no es el mismo.

Debido a que Geraldina no logra recolectar el dinero suficiente para pagar el rescate de su esposo, es asesinada en la segunda emboscada y, aunque está muerta, los guerrilleros la desnudan y la convierten en un objeto sexual, la violan uno después de otro y juegan con su cadáver. Esta es una de las escenas más fuertes de la novela, no solo por la crudeza de la imagen, sino porque, además, de alguna forma Geraldina simbolizaba la vida y la exuberancia de San José a pesar de la guerra. Con su muerte, culmina el proceso de desmoronamiento psicológico de Ismael.

EUSEBIO ALMIDA

Es el hijo de Geraldina, un muchacho de doce años. Al principio de la novela su vida es tranquila, se pasa el tiempo jugando con Gracielita, quien ha crecido junto a él como una hermana. Sin embargo, su vida cambia radicalmente cuando el brasilero, su padre, Gracielita y él son secuestrados por la guerrilla y él es el único que regresa a casa con una nota en el bolsillo de la camisa, una nota de sus captores en la que especifican a qué frente pertenecen, con quién debe comunicarse Geraldina para el rescate y qué precio exigen por la vida del brasilero. Eusebito ha cambiado radicalmente. Llega demacrado, flaco; se ha vuelto hermético y huraño; se pasa el tiempo sentado, llora a solas, no habla, escucha sin prestar atención y su mirada parece perdida.

Como su madre, Eusebito se niega a dejar San José, pues espera el regreso de su padre y de Gracielita. Ismael encuentra el cadáver del chico en el fondo de la piscina.

GENTIL ORDUZ

Gentil Orduz tiene casi cuarenta años y desde hace seis dirige el hospital de San José. Es soltero, siempre está rodeado de sus dos enfermeras y de una médica joven que hace el servicio médico obligatorio en el pueblo a su cargo. Su carácter es amable y siempre se ríe. Debido a que Orduz, por su maestría con el bisturí, es un médico afamado en la región, tanto la guerrilla como los paramilitares lo buscan para llevárselo y para usarlo como lo que es, un gran cirujano. A pesar de que no es originario de San José ni de la región, y de que ha recibido constantes amenazas, Orduz no ha querido abandonar la población. Se lo acusa de colaborador de la guerrilla, de prestar los cadáveres del hospital para el tráfico de cocaína y de ser una ficha clave para el contrabando de armas para la guerrilla, pues dispone de las ambulancias a su antojo. Orduz se defiende de todos con su amable sonrisa, atiende a todos los enfermos y heridos por igual.

El médico Orduz muere en la primera emboscada a San José, cuando trata de esconderse. Acribillan la nevera donde se guardan los medicamentos, con él dentro.

CLAUDINO ALFARO

Es el viejo curandero de cien años que vive en la montaña del Chuzo, cercana al pueblo. Para diagnosticar a los enfermos, el maestro Alfaro los pone a orinar en una botella, después agita la botella y lee, al trasluz, las enfermedades; también endereza músculos y pega huesos, como cuenta Ismael. Su pelo es como de viruta de algodón, y sus manos y dedos largos parecen de alambre. Gracias a sus conocimientos, el dolor de rodilla de Ismael desaparece y de nuevo puede volver a caminar sin dolor.

Ismael encuentra el cadáver del maestro Alfaro decapitado en su cabaña, junto al de su perro. En las paredes de su cabaña lee escrito en las paredes: «por colaborador».

CHEPE

Chepe es el dueño del café en el que los habitantes de San José se reúnen. Como todos, Chepe también es víctima de la guerra y de las extorsiones de los captores de su mujer, Carmenza, que fue secuestrada a pesar de estar embarazada, y por cuyo rescate le piden una suma que nunca podrá pagar. Su caso se convierte en noticia, pero las autoridades no hacen nada al respecto. Chepe incluso recibirá los dedos índice de su mujer y de su bebé en una bolsa para presionarle para que pague el rescate. El hombre está desesperado, y finalmente muere por un balazo durante el segundo ataque a San José, cuando se acerca a los insurgentes y les pregunta si ellos son los que tienen a su esposa y a su bebé.

LOS EJÉRCITOS

Los Ejércitos son los cuatro grupos responsables de la violencia en San José. Es decir, el Ejército, la guerrilla, los paramilitares y el narcotráfico. Si bien no tenemos representantes concretos de cada uno de los grupos, consideramos los Ejércitos como un personaje difuso cuyas acciones tienen un efecto concreto en la vida de los habitantes de San José, para quienes no está muy claro quién los ataca, quién los mata, quién los obliga a irse del pueblo: «Es extraordinario; parecemos sitiados por un ejército invisible y por eso mismo más eficaz» (Rosero 2007, 124). A medida que la novela transcurre es cada vez menos claro a merced de quién queda el pueblo. La población restante no logra identificar quiénes son los que causan su miedo, su desasosiego, e incluso sus traumas. No saben a quién deben culpar ni en quién pueden confiar.

CONSIDERACIONES FORMALES

ESTILO Y ESTRUCTURA

Estilo

Escribir sobre la violencia no es un tema nuevo en la literatura colombiana. Los enfrentamientos armados, los asesinatos de líderes políticos, la formación de grupos guerrilleros y paramilitares, las masacres, las desapariciones, los secuestros, las extorsiones, en fin, todas la manifestaciones de la violencia, así como de la realidad política del país, han influido en el quehacer de los escritores colombianos. En la novelística de Rosero, se profundiza en las distintas dinámicas y caras de la violencia. Así por ejemplo, en la trilogía *Primera vez*, la violencia se manifiesta en las vivencias de los niños que se desilusionan con el mundo de los adultos. En otras novelas, como en *Los Ejércitos*, se describen las consecuencias humanas que acarrea y que encierra el conflicto armado en Colombia.

Para Rosero la literatura tiene un compromiso con la realidad, con la construcción de la memoria colectiva; esta debe hacer que el lector se cuestione los hechos a partir de lo que está leyendo. La literatura no es una forma de evasión, ni un entretenimiento para el lector, es otra forma de asumir la realidad. Como dice el escritor en una entrevista con John Jairo Junieles, en su novelística tiene «un deseo —general— de luchar contra el olvido, edificar el pasado, otra vez, y vivificarlo mucho más que el presente» (Junieles 2007). Así pues, dice el escritor, la causa que lo llevó a la escritura de *Los*

Ejércitos fue la diaria indiferencia de un país acostumbrado a estar en guerra, a escuchar en los medios de comunicación noticias de asesinatos, desapariciones y secuestros y no sentir ni hacer nada al respecto.

En *Los Ejércitos* se excluyen las descripciones efectistas y las explicaciones sociopolíticas necesarias para exponer las características del conflicto armado en Colombia. Más bien, el propósito es intentar, con el lenguaje, atrapar la situación del civil, del desarmado, de las víctimas desamparadas que son testigo de la aniquilación de poblaciones y territorios enteros. Así pues, en *Los Ejércitos*, Rosero centra su atención en un personaje, la voz narrativa de la novela: Ismael Pasos, el viejo profesor rural. Todo lo que sucede en la novela pasa por la mirada del anciano y está impregnado de sus percepciones y sentimientos, que forman parte de su propia vivencia. Así pues, a lo largo de la novela, es posible conocer lo que el protagonista piensa y siente, sus deseos reprimidos, sus fantasías, sus frustraciones, su soledad, su desesperanza, sus angustias, cómo la violencia destroza la existencia de la población de San José y a él lo sume en la más profunda melancolía. Tener acceso a la intimidad del protagonista permite construir un puente de empatía con el lector.

Sin embargo, Los Ejércitos no se queda en una experiencia individual; el diseño de las historias de los protagonistas y de los personajes secundarios, la selección de anécdotas conmovedoras, sin ser sentimentalistas, logran darle forma a una estructura más amplia: la problemática social generalizada que azota a Colombia desde hace cincuenta años.

Otro de los elementos que caracterizan el estilo de la novela es la forma en que Rosero representa el tiempo y el espacio. El primer elemento parece vertiginoso en el exterior. Cuando se trata del tiempo de la guerra, es lento y se va dilatando y desmoronando como Ismael, desde el momento en que él pierde el rastro de Otilia. Su insomnio, su falta de apetito, su abandono, su desfallecimiento, su ensimismamiento, su pérdida de iniciativa, todos estos son síntomas de la imposibilidad de dejar el pueblo y, a su vez, de aferrarse a la vida. Por ejemplo, a medida que van pasando los días, estos se ponen entre signos de interrogación —¿lunes?, ¿sábado?, ¿martes?—, pues desde el primer ataque a San José la vida no vuelve a ser la misma, y ya no es necesario tener un calendario; la incertidumbre reina, se siente parecida a la tranquilidad, pero se parece más a la muerte. El pueblo está muerto y también parecen estarlo sus habitantes. Ismael va olvidando progresivamente quién es él y cuántas cosas han pasado desde entonces.

Por su parte, el tratamiento del espacio tampoco es concreto a propósito. Rosero tiende a la ausencia de referencias geográficas y cronológicas directas a Colombia. Este pueblo olvidado por el Estado, aislado del resto del mundo es un pueblo ficticio, pero San José es, en potencia, cualquier pueblo de Colombia inmerso en el torbellino de la guerra.

Estructura

En cuanto a la estructura, a pesar de no contar ni siquiera con capítulos numerados como tal, la historia nos hace pensar que Los Ejércitos está dividida en tres partes, narradas de forma lineal y que tienen una duración aproximada de cuatro meses en total: la vida antes de los ataques, el primer ataque y el segundo ataque, en el que posiblemente Ismael muere.

La primera parte nos hace pensar en un San José al que paradójicamente Ismael llama pueblo de paz, cuando Geraldina sale a pasear por él. Se trata de los capítulos que comprenden desde que aparece Geraldina acostada desnuda, bocabajo en la colcha floreada, mientras Ismael la mira con la excusa de recoger las naranjas, hasta que Otilia e Ismael hablan de lo sucedido en la reunión en la casa de Hortensia Galindo, en el cuarto año de conmemoración de la desaparición de Marcos Saldarriaga, su esposo. Esta es la última conversación que el par de ancianos tendrá pues, al día siguiente, la vida les cambia radicalmente.

La segunda parte va desde la detención de Ismael por parte del ejército, cuando sale a caminar muy temprano por la mañana, pasando por la noticia del secuestro del brasilero y los niños, hasta todo el primer ataque a San José por parte de la guerrilla, en el que secuestran a la esposa de Chepe, embarazada, asesinan a varios habitantes del pueblo y se produce la desaparición de Otilia. En ese momento, San José deja de ser el idílico paraíso en medio de la guerra para sumergirse en ella plenamente.

Finalmente, la tercera parte da cuenta de un San José destruido, tres meses después del primer ataque. Las familias restantes han comenzado a abandonar la población y las pocas que quedan lo hacen con la certeza que la muerte está rondando a cada instante. La guerra ya no es un recuerdo, como el del cilindro dinamita que explotó un Jueves Santo en la iglesia hace meses, es el día a día. La situación no parece que vaya a cambiar pronto, debido a la posición estratégica del pueblo en la ruta del narcotráfico. La tercera parte va desde el regreso de Eusebito, el hijo de Geraldina, hasta el posible asesinato de Ismael. Aquí se da cuenta del progresivo debilitamiento físico y psicológico que sufre Ismael, debido a la ausencia de Otilia, a la vez que a su alrededor todos sus amigos y vecinos van abandonando el pueblo por causa de la guerra y del deseo de preservar la vida.

La segunda parte es tal vez la que contiene imágenes más fuertes: el asesinato de Chepe, la muerte de Eusebito y, por último, los actos de necrofilia con el cadáver de Geraldina que Ismael presencia cuando entra en su casa. Ante esta situación de deshumanización, a Ismael ya no le importa enfrentarse a los combatientes y a la muerte. Se ríe de ellos, desafiando sus instrucciones. Así cierra la novela, y el lector presiente que Ismael muere y de alguna manera siente alivio por él pero, al no ser la muerte un hecho explícito, la lectura de *Los Ejércitos* termina con una especie de preocupación por el destino del personaje, con el que el lector se ha compenetrado profundamente y a quien siente que conoce.

TEMÁTICAS Y CLAVES DE LECTURA

VIOLENCIA

La violencia en *Los Ejércitos* es un tema transversal; se estructura alrededor de la violencia irracional, arbitraria y absurda que producen los enfrentamientos entre los tres bandos —el ejército, la guerrilla y los paramilitares—. El tiempo y el espacio en San José es el de la guerra, el de las masacres, el de los secuestros, el de los desplazamientos forzados, el de los cilindros de dinamita; todos estos actos se han acumulado en la memoria de los habitantes, ellos los perciben en cada cosa que los rodea y en cada acto realizado: en el niño reclutado, el paisaje sembrado de mata de coca, la bala perdida, la mina antipersona, la niña secuestrada antes de nacer, el secuestro extorsivo, los desplazados, la falta de alimentos y de combustible, los decapitados. Sin embargo, estos eventos no solo incumben a los coterráneos; forman parte de una realidad nacional, de un lenguaje común no solo entre los colombianos, sino entre la condición humana, lo que garantiza la recepción de la obra. De hecho, en algún punto, recuerda Ismael, la guerra no formaba parte del día a día de San José, no estaba tan marcada, los ataques al casco urbano no eran inminentes, abandonar el pueblo no era imperativo para conservar la vida:

«quién iba a suponer que también nos ocurriría a no-sotros, dicen aquí, dicen allá, lo repiten: hace dos años, antes del ataque a la iglesia, pasaban por nuestro pueblo los desplazados de otros pueblos, los veíamos cruzar por la carretera, filas interminables de hombres y niños y mujeres,

> muchedumbres silenciosas sin pan y sin destino. Hace años, tres mil indígenas se quedaron un buen tiempo en San José, y debieron irse para no agravar la escasez de alimentos en los albergues improvisados. Ahora nos toca a nosotros» (Rosero 2007, 116-117).

Como mencionábamos anteriormente, para no romper con la naturaleza ficcional del relato, Rosero no entra en descripciones ni temporales ni geográficas minuciosas sobre San José, pero alude a otras ciudades como Bogotá, Neiva, Popayán, Buga o Manizales, y a poblaciones «famosas» por su tradición de violencia como Apartadó (Antioquía) y Toribío (Cauca). Esto con el fin de permitirle entender al lector que si bien San José puede que sea un pueblo imaginario, este se ubica en Colombia y bien podría ser cualquier otro pueblo sometido al conflicto que se despliega en las áreas rurales y en la que las víctimas son civiles inocentes. Otro elemento que llama la atención es cómo la ciudad y el Estado parecen lejanos, ajenos al conflicto, un lugar donde, de hecho, se niega que haya guerra. Sus representantes son algunos personajes que aparecen en la obra, como el de una periodista y el de un camarógrafo, que parecen venidos como de otro mundo, se pasean indolentes por el pueblo, con sus sonrisas, actitudes despectivas y falso interés en San José y sus habitantes, pues solo están allí por el titular o por la posible foto conmovedora de un viejo frente a su casa despedazada, que salvó a los niños de una granada.

DESESPERANZA

La conciencia de la guerra y de sus efectos hace que la configuración del tiempo aparezca en esta novela como una especie de agonía, entre el torbellino de las acciones de la guerra. El paso del tiempo es una manifestación de la sensación de desesperanza de sus habitantes. Cuando Ismael nos habla, nos deja saber que vive en un pueblo donde un lento desasosiego se apodera de todo, un pueblo que ha cambiado como no debería ser y que ahora agoniza en el calor. El pueblo ya no es suyo y el tiempo pasa sin que él lo sepa. Desde la desaparición de Otilia, Ismael deambula por el pueblo y entra en una especie de delirio que no solo lo va destruyendo progresivamente, sino que también desdibuja su sensación del paso del tiempo, por lo que frecuentemente se pregunta cuánto tiempo ha pasado, qué día es y cómo debe pensar él en un tiempo futuro, cuando su esposa ya no está y cuando todos a su alrededor se van yendo y son reemplazados por el silencio absoluto en medio del estruendo de la guerra:

> «En la primera curva de la carretera los veo desaparecer. Se van, me quedo, ¿hay en realidad alguna diferencia? Irán a ninguna parte, a un sitio que no es de ellos, que no será nunca de ellos, como me ocurre a mí, que me quedo en un pueblo que ya no es mío: aquí puede empezar a atardecer o anochecer o amanecer sin que yo sepa, ¿es que ya no me acuerdo del tiempo?, los días en San José, siendo el único de las calles, serán desesperanzados» (Rosero 2007, 193).

La anterior cita es importante pues, si bien Ismael decide quedarse a pesar de que siente que está en el filo de un acantilado y que en el momento menos pensado van a empujarlo, las personas que abandonaron el pueblo, al decidir irse para conservar sus vidas, ya han sido lanzadas al vacío. Se trata de un grupo de huérfanos de todas las edades abandonados por Dios y por el Estado, personas que de alguna manera tendrán que volver a nacer, volver a comenzar, para encontrar los fundamentos de su existencia en un país carente de oportunidades. Tal vez en ese sentido, la vejez de Ismael y la esperanza de que alguna vez Otilia regrese no lo deja pensar en un futuro fuera de San José, pueblo donde nació y donde ha pasado gran parte de su vida. Para el viejo no vale la pena volver a empezar.

Los ejércitos es una novela compuesta de pequeñas trage-dias. Se trata de una recopilación de penosos esfuerzos individuales y familiares para superar la desgracia de vivir en una población en medio del fuego cruzado. Si bien en la novela solo hay derrotados, los esfuerzos de la pequeña comunidad de San José son ejemplares por la dignidad y tenacidad que afloran del simple hecho de querer estar vivo. Al final de la novela solo queda la destrucción y la dolorosa añoranza de lo que se perdió en un conflicto sinsentido.

EL EROTISMO

El erotismo forma parte de las pulsaciones vitales que exis-ten en el universo de la novela, a pesar de la guerra. Su fuerza se concentra principalmente en el personaje de Geraldina. Sin embargo, no nos sería posible atrapar por completo la sensualidad de la mujer si no fuera por las descripciones de Ismael, quien la espía diariamente con la excusa de recoger naranjas. Como mencionábamos antes, si bien Ismael tiene setenta años y su cuerpo sufre los achaques de la edad, su mente tiene el vigor de un joven y es un gran observador de las mujeres, esto lo mantiene vivo. De hecho, cuando Ismael ve a Geraldina, sus dolores desaparecen, no siente el dolor en la rodilla, ni siente cansancio en los pies. Ismael quiere que ella sepa, sin verlo, que él la mira. Pero ella ya lo sabe y disfruta del juego de miradas con el viejo.

Como mencionábamos anteriormente, el huerto, con su verdor exuberante y animales, es el lugar en el que se despliega esta sensación de idilio y sensualidad casi paradisiaca, pero pronto la placidez del calor en este paraíso acaba y es reemplazada por las explosiones de la guerra, el ruido de los fusiles y el silencio de todos aquellos hombres que contemplan, embelesados, la violación del cadáver de Geraldina, abierto, desmadejado. La muerte de la mujer significa el fin de la novela. El movimiento de su cuerpo, que antes proclamaba la vida, se apaga para siempre y la guerra impone su forma de sensualidad, dolorosa, vil y sin esperanza. En ese momento a Ismael deja de importarle querer estar vivo.

PISTAS PARA LA REFLEXIÓN

ALGUNAS PREGUNTAS PARA PROFUNDIZAR EN SU REFLEXIÓN...

- ¿Considera que lo narrado en *Los Ejércitos* es solamente pertinente a la realidad colombiana? Justifique su respuesta.
- ¿Hasta qué punto la población de San José puede considerarse un personaje en sí mismo? Justifique su respuesta.
- ¿Cuál es la importancia del lenguaje en la obra? ¿Hasta qué punto este puede dar cuenta de los horrores de la guerra? Justifique su respuesta.
- Piense en el epígrafe de la novela, escrito por Molière: «¿No habrá ningún tipo de peligro en parodiar a un muerto?». ¿Cuál cree que era la intención del escritor al utilizar este epígrafe para abrir la novela?
- ¿Qué papel juega la risa dentro de la novela?
- ¿Cuál es el papel de los hechos reales en los cuales dice Rosero que se basó para escribir la novela?
- ¿Qué papel juegan los niños dentro de la novela?
- ¿Considera que de alguna manera *Los Ejércitos* da cuenta de la posición política de su autor? Justifique su respuesta.

PARA IR MÁS ALLÁ

EDICIÓN DE REFERENCIA

- Rosero, Evelio. 2007. *Los Ejércitos*. Bogotá: Tusquets Editores.

ESTUDIOS DE REFERENCIA

- Junieles, John Jairo. 2007. "Evelio Rosero Diago. Desde la paz preguntan por nosotros". *Letralia 164*. 21 de mayo. Consultado el 25 de diciembre de 2016. http://www.letralia.com/164/entrevistas01.htm
- Padilla Chasing, Iván Vicente. 2012. "Los Ejércitos: Novela Del Miedo, La Incertidumbre Y La Desesperanza". *Literatura: Teoría, Historia y Crítica*, vol. 14, n.º 1, 121- 158.
- Sotomayor, Carlos M. 2007. "Entrevista a Evelio Rosero". *Letra Capital*. 20 de agosto. Consultado el 25 de diciembre de 2016. http://carlosmsotomayor.blogspot.com.co/2007/08/entrevista-evelio-rosero.html

LECTURA RECOMENDADA

- Gallón Salazar, Angélica. 2009. "Los ejércitos de Evelio Rosero". *El Espectador*. 15 de mayo. Consultado el 22 de enero de 2017. http://www.elespectador.com/impreso/articuloimpreso141057-los-ejercitos-de-evelio-rosero

ResumenExpress.com